prague
EXCLUSIVE

ART

Publié par BB/art s. a. r. l. en collaboration avec Jiří Buchal – BB/art en 2004
Bořivojova 75, Praha 3, République Tchèque

Mise en page et lithographie par PROXIMA STUDIO, s. a. r. l.
Imprimé par Centa, s. a. r. l., Brno

Edition première
ISBN 80-7341-232-2

prague

EXCLUSIVE

PHOTO MIROSLAV FRANK

INTRODUCTION

Peut-être aucune ville européenne n'est ornée d'un tel nombre d'attributs comme Prague – dorée, de cent tours, magique, conte de Fée en pierre...
Le visiteur à Prague sent son genius loci - la couleur locale particulière d'une ville où s'interpénètrent le passé et le présent, le fantasque et la réalité.
Au cours de plus d'un millénaire dans le paysage d'origine du bassin pragois, a grandi une ville qui par sa beauté architectonique et sa tradition historique et culturelle appartient aux villes européennes les plus admirées. A partir de la fin du 9e siècle Prague est devenue siège des comtes et rois tchèques. La présence de la cour monarchique a créé les conditions économiques et politiques favorables à la fondation d'une vraie ville, dont la preuve est l'existence de plus d'une trentaine d'églises, d'une cinquantaine de maisons en pierre, de deux châteaux et d'un pont en pierre jeté sur la rivière Vltava (Moldau). C'est par la création de Staré Město pražské (Vieille Ville pragoise) en 1234 et de Menší Město (Moindre Ville) en 1257 que le changement des hameaux au pied d'un château en des complexes municipaux a été achevé.
Au 14e siècle, Prague vit une période des plus intéressantes de son histoire – elle devient résidence du roi de Bohême et l'empereur Charles IV et ainsi centre du Saint-Empire romain. L'essor exceptionnel de la construction, le soutien du commerce et des métiers, la fondation de l'Université et de la Nouvelle Ville (1348) ont fait de Prague un centre politique, économique et culturel de l'Europe important. Le monarque cultivé a empreint, par l'intermédiaire des artistes étrangers et aussi ceux du pays, un nouvel aspect, décoré par la pompe et la monumentalité de l'architecture gothique. C'étaient peut-être justement des toits dorés des tours du Château de Prague de l'époque qui étaient à l'origine de l'appellation emphatique de la ville – Prague dorée.
Ni dans la vie humaine ni dans l'histoire des villes, il n'y a pas que des périodes d'épanouissement et de gloirre. Elles sont même trop souvent suivies de catastrophes naturelles et celles de guerres, de tristesse et de perte. C'est ainsi que Prague a connu au 15e siècle les conséquences destructives du mouvement hussite, l'incendie catastrophique (1541) qui a détruit le quartier de Malá Strana (Petit Côté), de Hradčany et partiellement le Château de Prague, ainsi que des invasions dévastatrices des armées ennemies de la Guerre de Trente Ans. Les événements compliqués de la vie de Prague du 17e et du 18e siècles sont depuis longtemps balayés par le temps et ce n'est que l'habit baroque que la ville a mis à cette époque-là qui reste l'objet de l'admiration des visiteurs jusqu'à nos jours. La silhouette de la ville est complétée par de nouvelles coupoles et tours d'églises, de palais splendides avec des jardins resplendissant de façades décorées de stucs avec des frontons décorés, sur les places et dans les rues apparaissent des statues, colonnes et fontaines. Des artistes – architectes, peintres et sculpteurs – par leur activité créatrice et confiante élèvent de nouveau l'aspect artistique de Prague au niveau européen.
Des changements sociaux et économiques révolutionnaires du 19e siècle ont marqué l'aspect de Prague de

façon frappante. Le développement de l'entreprise industrielle a imposé la destruction des remparts municipaux et la ville a émergé dans le paysage des alentours.
Après la fondation de l'Etat tchèque indépendant (28. 10. 1918) Prague est devenue capitale de la République. Le soin de son aspect, la protection des monuments historiques, la construction des logements, bâtiments administratifs, magasins, hôpitaux, écoles et réseaux de transport restent désormais un devoir primordial et tr ès engageant même pour la génération actuelle.

Mais il ne faut pas voir Prague seulement comme un grand musée. Pour comprendre son âme, il faut visiter aussi des ruelles latérales, des coins romantiques des parcs et des jardins publics, des tavernes, des galeries ou des clubs. Que ce petit livre vous serve d'inspiration et de guide pendant vos flâneries à travers notre ville. Celui qui a une fois visité et connu Prague, tombe sûrement amoureux d'elle. Et les amoureux aiment tellement les retours.

▶ LE CHÂTEAU DE PRAGUE

HRADČANY, LE CHÂTEAU DE PRAGUE

Hradčany, autrefois l'une des villes pragoises, occupe un territoire pas très étendu devant l'aire du Château de Prague. L'ancien groupe d'habitation de Hradčany a été détruit par un incendie dévastateur en 1541. Au cours des 17e et 18e siècles, à la place des maisons brûlées, ont été construits de nouveaux palais splendides, parmi lesquels les plus célèbres sont les palais Černín, Toscan, Schwarzenberg et Šternberk. L'attention des visiteurs de Hradčany est surtout attirée par le vaste bâtiment du Couvent de Strahov offrant ses salles de bibliothèque extraordinaires et le lieu de pèlerinage de Lorette avec son carillon et sa trésorerie connus. Parmi les parties de Hradčany figure aussi un quartier pauvre yet pittoresque du Nouveau Monde qui a gardé en partie le groupe d'habitation d'origine.
Le point dominant de Hradčany et de la ville entière est le Château de Prague. Ce siège monarchique séculaire représente unensemble unique de l'architecture ecclésiastique et profane à partir du 10e siècle jusqu'à nos jours. La construction principale du Château – La Cathédrale Saint Guy, Saint Venceslas et Saint Adalbert - est en même temps la nécropole des rois de Bohême et le lieu de dépôt des joyaux de la couronne. Le Vieux Palais Royal ainsi que La Salle Vladislas sont les témoins séculaires de la gloire du royaume de Bohême. Dans la Salle Vladislas qui était à l'époque de sa création (15e siècle) le plus grand espace vouté profane d'Europe ont lieu depuis 1934 les élections présidentielles. Les jardins historiques constituent une partie inséparable de l'aire du château dont les préférés sont Královská zahrada (le jardin Royal) et le jardin Na Valech (Sur les Glacis) d'où s'ouvre une vue exceptionnelle sur la ville.

LE CHÂTEAU DE PRAGUE SOLENNEL ET LA PLACE DE HRADČANY

LE CHÂTEAU DE PRAGUE DEPUIS LA TOUR DE PETŘÍN

Jan z Waldšteyna na Hradku nad Sazawau Neywyšší Sudj Kralowstwí Českého
Adam Kalenice z Kalenic Kralowe Geji Milosti Audník při Deskách Zemských
Tomáš z Prosetic Auředník Podkomořího při Deskách Zemských

LE PALAIS ROYAL – ESCALIER DES CAVALIERS
LA CHAMBRE DE VLADISLAS DANS LE VIEUX PALAIS ROYAL (15e SIÈCLE)

◀ LA CHAMBRE DES NOUVELLES ARMOIRIES DU PAYS AVEC LES ARMES DES FONCTIONNAIRES (16e-18e SIÈCLES)

LA SALLE D'ASSEMBLÉE AVEC LA TRIBUNE RENNAISSANCE
LE SALON DES HABSBOURG

LA SALLE VLADISLAS AVEC LA CROISÉE D'OGIVE GOTHIQUE

LA SALLE ESPAGNOLE

LA CATHÉDRALE ST. GUY VUE DEPUIS LE PAVILLON ROYAL D'ÉTÉ

LE CHÂTEAU DE PRAGUE VU DEPUIS LE RUDOLFINUM

L'ENTRÉE PRINCIPALE DU CHÂTEAU DU CÔTÉ DE LA PLACE DE HRADČANY
LE CHÂTEAU DE PRAGUE – CHAPELLE DE LA SAINTE-CROIX

LE PALAIS ARCHIÉPISCOPAL AVEC LA FAÇADE ROCOCO (18e SIÈCLE)
LA CHAPELLE DE LA SAINTE-CROIX

◀ LA CATHÉDRALE ST. GUY VUE DEPUIS LE LA TERRASSE DU MANÈGE DU CHÂTEAU DE PRAGUE

LA FAÇADE OCCIDENTALE DE L'ÉGLISE ST. GUY

LES TROIS NEFS DE LA CATHÉDRALE ST. GUY

SVATY
SVATY
SVATY

LA CHAPELLE DE LA VIERGE (LA SAINTE TRINITÉ) AVEC DES TOMBES DES PRINCES BŘETISLAV Ier ET SPYTIHNĚV II
LE PASTORIUM DORÉ DE SAINT GUY – ŒUVRE DE LA FORGE DE P. PARLÉŘ – LA CHAPELLE ST. VENCESLAS

LA CHAPELLE ST. VENCESLAS
LA TOMBE EN ARGENT DE ST. JEAN NÉPOMUCÈNE DANS LA GALERIE SUD DE LA CATHÉDRALE

◀ LES FENÊTRES DU CHŒUR HAUT DE LA CATHÉDRALE ST. GUY ◀ LE DÉTAIL DE LA FENÊTRE PAR ALPHONSE MUCHA

CHARLES IV – LE PORTRAIT SCULPTÉ DE L'EMPEREUR DANS LE TRIFORIUM DE LA CATHÉDRALE ST. GUY
LE JUGEMENT DERNIER – DÉTAIL

VENCESLAS, DUC DE LUXEMBOURG (DEMI-FRÈRE DE CHARLES IV) – BUSTE DANS LE TRIFORIUM DE LA CATHÉDRALE ST. GUY
ADAM ET ÈVE SUR LA CONSOLE GOTHIQUE DERRIÈRE L'AUTEL PRINCIPAL DE LA CATHÉDRALE

LE DÉTAIL DE LA FAÇADE SUD DE LA CATHÉDRALE

▸ LA COURONNE DES CHAPELLES DE LA CATHÉDRALE ST. GUY VUE DE LA PLACE ST. GEORGES

LA RUELLE D'OR

LES MAISONS STYLE RENNAISSANCE ET BAROQUE DANS LE QUARTIER DU NOUVEAU MONDE

LA BASILIQUE ROMANE ST. GEORGES SUR LE CÔTÉ EST DE LA PLACE ST. GEORGES

▶ LA NEF PRINCIPALE DE LA BASILIQUE ST. GEORGES

NOTRE-DAME-DE-LORETTE – LA TOUR DE L'HORLOGE
◀ NOTRE-DAME-DE-LORETTE

LE PAVILLON MATHIAS AVEC LA VUE SUR PRAGUE

LE PAVILLON DE MUSIQUE DANS LE JARDIN HARTIG VU
DEPUIS LE JARDIN NA VALECH

LA FONTAINE CHANTANTE – DÉTAIL
LE JARDIN ROYAL VU DEPUIS LE CHÂTEAU DE PRAGUE

LA PLASTIQUE BAROQUE DE LA BALUSTRADE PAR L'ATELIER MATHIAS B. BRAUN – LE JARDIN ROYAL
LE JARDIN PRÈS DE BELVÉDÈRE

◂ LE PAVILLON ROYAL D'ÉTÉ DE BELVÉDÈRE

LES TOITS DES MAISONS DE MALÁ STRANA

MALÁ STRANA – PETIT CÔTÉ

Il est l'un des quartiers les plus romantiques de Prague. Il a été fondé comme la deuxième ville pragoise dans la seconde moitié du 13e siècle. Malá Strana a perdu son architecture d'origine pendant un grand incendie en 1541. Grâce à la nouvelle construction, ce quartier pragois est devenu une ville de résidence avec des palais baroques splendides et des bâtiments ecclésiastiques. C'est l'église baroque Saint Nicolas - l'œuvre des architectes K. I. Dienzenhofer et A. Lurago - qui est devenue le point dominant de Malá Strana. La particularité de Malá Strana sont les enseignes des maisons conservés qui précèdent la numérotation plus tardive des maisons. La beauté et l'aspect romantique de Malá Strana sont plus intenses grâce aux jardins baroques sur les pentes en terrasses sous le Château de Prague qui sont une particularité architectonique de l'Europe centrale. Aussi de nombreuses tavernes et caves à vin, installées dans les caves gothiques des maisons de Malá Strana, proposent aux visiteurs de cette partie de Prague une impression unique.
Parmi les curiosités touristiques les plus recherchées de Malá Strana il faut nommer sans aucun doute Le Pont Charles. Il date du 1357 et est le chef d'oeuvre de l'architecture gothique pragoise. La décoration sculpturale du pont est une galerie unique de plastiques baroques et néogothiques en plein air. Du Pont Charles, une vue magnifique sur Hradčany et le Château de Prague s'ouvre à tous les visiteurs.

LA RUE NERUDA VUE DEPUIS L'ESCALIER DE L'HÔTEL DE VILLE

LA RUE NERUDA – AU FOND L'ÉGLISE ST. NICOLAS DANS LE QUARTIER DE MALÁ STRANA

LA RUE NERUDA – AUBERGE „AUX DEUX SOLEILS“

LA MAISON „AUX TROIS PETITS VIOLONS“
LA MAISON „AUX DEUX SOLEILS“

LA MAISON „À LA COUPE D'OR“
LA MAISON „AU DIABLE“

LE JARDIN LEDEBOURG
▶ LE JARDIN VALLENSTEIN AVEC LE PALAIS

LA PLACE DE MALÁ STRANA
LE JARDIN VRTBA

L'ÉGLISE ST-NICOLAS DANS LE QUARTIER DE MALÁ STRANA – VUE DEPUIS LE CHÂTEAU
L'HUMEUR D'HIVER – LES VIEILLES MARCHES DU CHÂTEAU AVEC LA TOUR NOIRE

LE QUARTIER DE MALÁ STRANA ILLUMINÉ AVEC L'ÉGLISE ST. NICOLAS

LE MOULIN DE GRAND PRIEURÉ À KAMPA
▶ KAMPA

STAURANT

ST. JEAN NÉPOMUCÈNE – STATUE ORNANT LE PONT CHARLES
LE PONT CHARLES

CHARLES IV – STATUE EN FER SUR LA PLACE DES CROISIERS
ENFANT-JÉSUS DE PRAGUE DANS L'ÉGLISE NOTRE-DAME-DE-VICTOIRE

◀ LE PONT CHARLES – LA TOUR DU PONT DE MALÁ STRANA – STYLE GOTHIQUE, CONSTRUITE SOUS GEORGES DE PODĚBRADY EN 1464

L'ILLUMINATION SOLENNELLE DE L'HÔTEL DE VILLE

LA VIEILLE VILLE, VILLE JUIVE

C'est la visite de la Vieille Ville qui apporte traditionnellement les plus grandes impressions aux touristes. Un grand nombre d'objets de valeur historique, des espaces animées des maisons romanes et gothiques, le labyrinthe des ruelles étroites – tout cela attire peut-être chaque visiteur de Prague. Le monument le plus recherché de la Vieille Ville est sans doute L'Hôtel de Vville de la Vieille Ville avec son horloge astronomique. A toutes les heures rondes, des foules de touristes se donnent le rendez-vous devant la tour de l'hôtel de ville pour y voir défiler des figurines mobiles des apôtres et d'autres détails mécaniques de l'horloge.
Le grand nombre d'églises gothiques et de nombreuses maisons splendides et palais témoignent que pendant longtemps, cette partie de Prague était le cour de la ville. Les amateurs de l'oeuvre du compositeur W. A. Mozart n'oublieront sûrement pas d'aller voir le bâtiment du Théâtre Stavovské (Des États), où a eu lieu la première représentation de son opéra Don Giovanni.
Une partie unique de La Vieille Ville est aussi La Ville Juive, habitée par la communauté juive déjà à partir du 11e siècle. Malgré une intervention d'assainissement radicale en 1896, plusieurs synagogues avec des expositions intéressantes, une mairie et le vieux cimetière avec presque 12 000 stèles en pierres ont été conservés dans la Ville Juive.

LE PONT CHARLES – VU DEPUIS KAMPA

UN MATIN SUR LE PONT CHARLES

LA TOUR DU PONT DE LA VIEILLE VILLE – ORNEMENTS AVEC LES STATUES DE CHARLES IV, VENCESLAS IV ET DU PATRON DU PONT, ST. GUY (14e SIÈCLE)
LA TOUR DU CLÉMENTINUM ET CELLE DE LA VIEILLE VILLE

LE THÉÂTRE DES ÉTATS
TOUR DU CHÂTEAU D'EAU DE LA VIEILLE VILLE – QUAI SMETANA

◀ LE PONT CHARLES DEPUIS LA TOUR DU PONT DE MALÁ STRANA

LA FAÇADE DE L'ÉGLISE ST. SALVATEUR

▸ LA TOUR DU PONT DE LA VIEILLE VILLE, ORNÉE DES STATUES DU 14e SIÈCLE

DÉTAIL DE L'ÉGLISE NOTRE-DAME DE TÝN

UNE VUE SUR L'ÉGLISE DE TÝN AVEC LE MONUMENT DU MAÎTRE JEAN HUS

UNE FENÊTRE RENAISSANCE (LA MAISON KŘÍŽ) DE L'HÔTEL
DE VILLE DE LA VIEILLE VILLE

LA CHAPELLE D'ENCORBELLEMENT DE L'HÔTEL DE VILLE DE
LA VIEILLE VILLE

L'HORLOGE DE LA VIEILLE VILLE – LE CADRAN SUPÉRIEUR – ZODIAC

L'HORLOGE DE LA VIEILLE VILLE – CALENDRIER ASTRONOMIQUE

LA PROMENADE EN VOITURES SUR LA PLACE DE LA VIEILLE VILLE
LA PETITE PLACE – LA FONTAINE DE 1560

L'HÔTEL DE VILLE DE LA VIEILLE VILLE AVEC L'HORLOGE
LA STATUE DES ARTISTES – ALLÉGORIE – PRÈS DU RUDOLFINUM

◀ L'HORLOGE DE LA VIEILLE VILLE – DÉFILÉ DES APÔTRES

RUDOLFINUM – BÂTIMENT NÉO-RENAISSANCE

UNE VUE DE NUIT DEPUIS LE RUDOLFINUM SUR HRADČANY

LA MAISON „A LA COURONNE D'OR"
LE RESTAURANT „À LA FONTAINE D'OR" - RUE CHARLES

LA MAISON „À LA CARPE"
LE MARCHÉ HOUILLER

◀ LES MAISONS DE LA PLACE DE LA VIEILLE VILLE

L'ÉGLISE ST. NICOLAS

LA SYNAGOGUE VIEILLE-NEUVE DU 13e SIÈCLE

L'ANCIEN CIMETIÈRE JUIF

L'ANCIEN CIMETIÈRE JUIF
LA STATUE DE MOÏSE – JOSEFOV

L'ANCIEN CIMETIÈRE JUIF DE LA 1ère MOITIÉ DU 15e SIÈCLE
LE TOMBEAU DE FRANZ KAFKA AU CIMETIÈRE D'OLŠANY

LE TEMPLE DE TÝN, LA MAISON À LA CLOCHE ET LE PALAIS GOLTZ-KINSKÝ
▶ L'HÔTEL DE VILLE DE LA VIEILLE VILLE

LE PALAIS GOLTZ-KINSKÝ, UNE PARTIE DE LA MAISON „À LA CLOCHE EN PIERRE"

LES MAISONS SUR LA PLACE DE LA VIEILLE VILLE

L'ÉGLISE ST. FRANÇOIS ET LE CLÉMENTINUM VUS DE LA TOUR DU PONT DE LA VIEILLE VILLE
▶ L'ÉGLISE ST. FRANÇOIS SÉRAPHIN

PRAGUE DEPUIS LES JARDINS DE LETNÁ

LA PLACE DE LA VIEILLE VILLE VUE DE LA TOUR DE L'HÔTEL
DE VILLE DE LA VIEILLE VILLE

LA STATUE ÉQUESTRE DE ST. VENCESLAS PAR J. V. MYSLBEK

LA NOUVELLE VILLE

Elle a été fondée en 1348 par l'empereur Charles IV comme le centre de la production artisanale et du commerce. Elle a gardé son caractère jusqu'à nos jours. Sur le territoire de la Place Venceslas, de la rue Na Příkopě (sur le Fossé) et de l'avenue Nationale se concentre l'animation commerciale – des bâtiments commerciaux et administratifs suivent des hôtels, des centres d'amusement, des banques. Parmi les monuments qui décorent La Nouvelle Ville rappelons au moins le bâtiment de l'hôtel de ville de la Nouvelle Ville qui était à la naissance du mouvement hussite au 15e siècle, le bâtiment néo-renaissance du Musée National dominant la Place Venceslas et celui du Théâtre National sur le quai de la Vltava. C'est justement du quai de la Vltava que nous pouvons admirer non seulement la vue sur le panorama de Hradčany, mais nous verrons aussi le défilé des maisons splendides bâties au tournant de l'avant-dernier siècle et du siècle passé. La plus récente de ce rang est la Maison dansante qui date de 1997 et dont les auteurs sont F.O. Gehry et V. Milunič.

Les amateurs de la bonne bière n'oublieront jamais de visiter deux auberges célèbres de la Nouvelle Ville: la brasserie U Fleků (Chez des Flek), fondée déjà en 1499 et l'auberge U Kalicha (Au Calice) éternisée en littérature dans le roman Osudy dobrého vojáka Švejka (Le Brave soldat Svejk) de Jaroslav Hašek. C'est dans ce milieu unique, avec des chefs d'œuvre de la cuisine tchèque accompagnés des chansons de la vielle Prague que l'on apprécie le mieux la bière.

A la Nouvelle Ville adhère l'un des lieux les plus célèbres de l'histoire tchèque – Vyšehrad. Ce lieu fortifié historique a joué un rôle important aux débuts de l'histoire tchèque. Un lieu très recherché par les touristes est aussi le cimetière de Vyšehrad où reposent plus de deux cents représentants de la vie culturelle, scientifique et politique tchèque.

LE MUSÉE NATIONAL – BÂTIMENT NÉO-RENAISSANCE (1885-90)
◀ LE MUSÉE NATIONAL – BÂTIMENT NÉO-RENAISSANCE (1885-90)

LE JARDIN DES FRANCISCAINS

LE MUSÉE NATIONAL – BÂTIMENT NÉO-RENAISSANCE DANS LA PARTIE ÉLEVÉE DE LA PLACE VENCESLAS

i
ACCOMMODATION
300 m
OSTROVNÍ 7

LE THÉÂTRE NATIONAL ET LE PONT DES LÉGIONS

◀ LE THÉÂTRE NATIONAL

LA PORTE POUDRIÈRE VUE DE LA RUE HYBERN

▶ LA PORTE POUDRIÈRE AVEC LA MAISON MUNICIPALE

P

LA MAISON MUNICIPALE

LA MAISON MUNICIPALE

ZDAR TOBĚ PRAHO! VZDORUJ ČASU ZLOBĚ
JAK ODOLALAS VĚKY BOUŘÍM VŠEM!

LA MAISON MUNICIPALE – DÉTAIL D'ORNEMENTS ART NOUVEAU
◀ LA MOSAÏQUE ART NOUVEAU SUR LA FAÇADE DE LA MAISON MUNICIPALE

LA PLACE CHARLES – L'HÔTEL DE VILLE DE LA NOUVELLE VILLE

LE CLOÎTRE AUX SLAVES (À EMAUZY) – FONDÉ PAR CHARLES IV EN 1347

LA MAISON DANSANTE – QUAI RAŠÍN

MÁNES

ŽOFÍN SUR L'ÎLE SLAVE

LES PONTS DE PRAGUE

PORTAILS NÉOGOTHIQUES ET LES AILES DE PORTES DE
L'ÉGLISE ST. PIERRE ET ST. PAUL
◀ VYŠEHRAD – ROTONDE ROMANE ST. MARTIN

LES PORTAILS NÉOGOTHIQUES ET LES AILES DE PORTES DE ST. PIERRE ET ST. PAUL

VYŠEHRAD – L'ÉGLISE CAPITULAIRE ET PAROISSIALE ST. PIERRE ET ST. PAUL

LE PANORAMA DE VYŠEHRAD VU DEPUIS LA VLTAVA
▶ LE DÉTAIL DU PORTAIL NÉOGOTHIQUE DE L'ÉGLISE ST. PIERRE ET ST. PAUL

L'ÉGLISE STE. LIDMILE

LES ARRONDISSEMENTS DE PRAGUE

Le fondement historique de Prague est composé d'anciennes villes indépendantes - la Vieille-Ville, la Nouvelle Ville, Malá Strana et Hradčany - qui, en 1784, ont été reliées en un ensemble. Avec l'arrivée de la révolution industrielle, le territoire de Prague a dépassé des remparts municipaux et des communes de banlieue qui étaient devenues des centres importants de la production industrielle ont rejoint la ville. Il a été fondé le Grand Prague où, sur la surface de plus de 500 km², il vit plus d'1 200 000 d'habitants. Sur la rive gauche de la Vltava la commune de Smíchov avec de nombreux palais nobles et municipaux est devenue une partie de Prague. Dans l'un de ces palais, dit Bertramka, a vécu W. A. Mozart lors de sa visite de Prague à la fin du 18e siècle. Břevnov, situé un peu plus au Nord, est un quartier résidentiel dominé par l'édifice du premier cloître masculin - celui de l'ordre des bénédictins. Le quartier purement industriel d'Holešovice est connu surtout grâce à son parc des expositions qui date de la fin du 19e siècle. Ce lieu, conçu d'abord pour des expositions industrielles anniversaires, accueille jusqu'a nos jours diverses expositions, concerts, événements sportifs et culturels. Une importante attraction en est surtout la fontaine de lumière Křižík édifiée en 1891.

Sur la rive droite, le quartier de Královské Vinohrady, où il y avait de nombreux vignobles déjà an 14e siècle, s'est joint à la ville. Le centre de ce quartier est la place Georges de Poděbrady avec l'architecture unique de l'église de l'architecte J. Plečnik (1932). Les quartiers ouvriers de Karlín et de Libeň s'étendent jusqu'au paysage pittoresque de Trója. A la fin du 17e siècle, la variété de la nature y a donné naissance à un pavillon d'été charmant. Néanmoins, l'attention des grands et des petits y est attirée par le jardin zoologique réunissant d'une manière unique l'aspect du terrain aux besoins des animaux.

L'ÉGLISE PAROISSIALE SACRÉ-CŒUR – LA PLACE GEORGES DE PODĚBRADY

L'ÉGLISE PAROISSIALE SACRÉ-CŒUR – LA PLACE GEORGES DE PODĚBRADY

LE CHÂTEAU DE TRÓJA – „PETIT VERSAILLES" TCHÈQUE

◀ LE PALAIS D'INDUSTRIE AU PARC DES EXPOSITIONS PRAGOIS

LA VUE GÉNÉRALE SUR LE CLOÎTRE DE BŘEVNOV – FONDÉ EN 993

LE PAVILLON D'ÉTÉ L'ÉTOILE – 1555-1756

BERTRAMKA – MONUMENT DE MOZART
▸ BELVÉDÈRE – LE JARDIN ROYAL

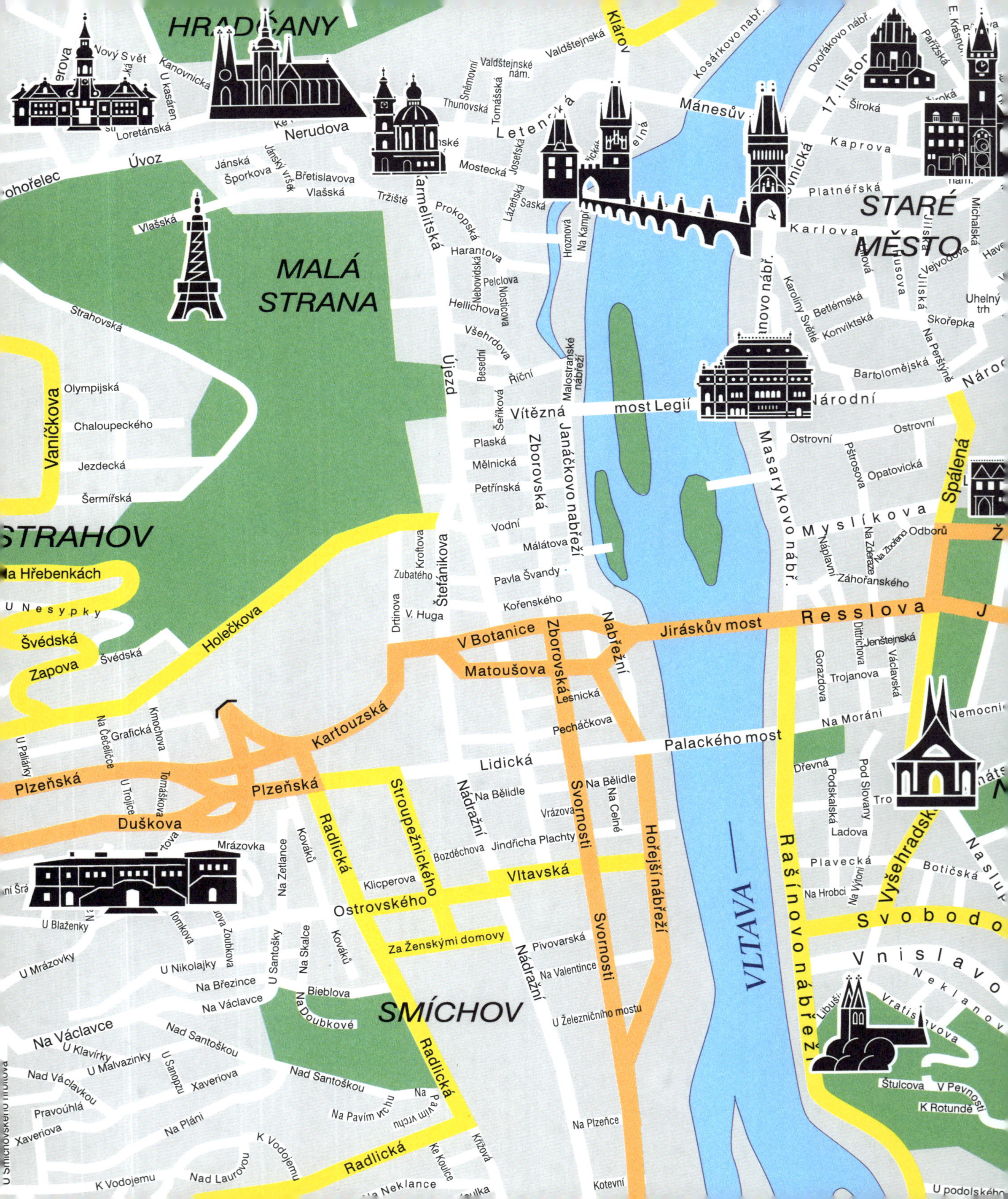
HRADČANY
MALÁ STRANA
STARÉ MĚSTO
STRAHOV
SMÍCHOV
VLTAVA
Nový Svět
Kanovnická
U kasáren
Loretánská
Nerudova
Úvoz
Pohořelec
Jánská
Šporkova
Jánský vršek
Břetislavova
Vlašská
Tržiště
Karmelitská
Prokopská
Harantova
Nebovidská
Pelclova
Nosticova
Hellichova
Všehrdova
Besední
Říční
Újezd
Šeříková
Vítězná
most Legií
Plaská
Mělnická
Petřínská
Vodní
Zborovská
Janáčkovo nábřeží
Málatova
Pavla Švandy
Kořenského
Zubatého
Kroftova
Štefánikova
Drtinova
V. Huga
V Botanice
Matoušova
Lesnická
Pecháčkova
Nábřežní
Jiráskův most
Resslova
Palackého most
Lidická
Na Bělidle
Vrázova
Svornosti
Na Celné
Hořejší nábřeží
Nádražní
Jindřicha Plachty
Bozděchova
Vltavská
Klicperova
Stroupežnického
Ostrovského
Za Ženskými domovy
Pivovarská
Na Valentince
U Železničního mostu
Na Plzeňce
Kotevní
Valdštejnská
Valdštejnské nám.
Sněmovní
Thunovská
Tomášská
Letenská
Mostecká
Josefská
Lázeňská
Saská
Hroznova
Na Kampě
Klárov
Kosárkovo nábř.
Mánesův
Dvořákovo nábř.
17. listopadu
Široká
Kaprova
Platnéřská
Karlova
Pařížská
Michalská
Husova
Jilská
Vejvodova
Uhelný trh
Skořepka
Na Perštýně
Karolíny Světlé
Betlémská
Konviktská
Bartolomějská
Národní
Ostrovní
Pštrossova
Opatovická
Masarykovo nábř.
Spálená
Myslíkova
Odborů
Náplavní
Na Zderaze
Záhořanského
Dittrichova
Jenštejnská
Václavská
Gorazdova
Trojanova
Na Moráni
Nemocniční
Dřevná
Podskalská
Pod Slovany
Ladova
Plavecká
Na Hrobci
Na Výtoni
Botičská
Vyšehradská
Svobodova
Rašínovo nábřeží
Vnislavova
Neklanova
Libušina
Vratislavova
Štulcova
V Pevnosti
K Rotundě
U podolského
Strahovská
Vaníčkova
Olympijská
Chaloupeckého
Jezdecká
Šermířská
Na Hřebenkách
U Nesypky
Švédská
Zapova
Holečkova
Kartouzská
Plzeňská
Duškova
U Paliárky
Na Čečeličce
Grafická
Kmochova
U Trojice
Tomášikova
Mrázovka
U Blaženky
Tomkova
Na Zatlance
Kováků
Radlická
U Mrázovky
U Nikolajky
U Santošky
Na Skalce
Na Březince
Bieblova
Na Václavce
Na Doubkové
Nad Santoškou
U Klavírky
U Malvazinky
U Sanopzu
Xaveriova
Nad Václavkou
Pravoúhlá
Na Pláni
Na Pavím vrchu
K Vodojemu
Nad Laurovou
Ke Koulce
Křížová
Na Neklance